PROVERBIOS
SABIDURÍA
PARA EL
CAMINO

SCOTT WADE

Prefacio por Bill Ulmet

PUBLISHED BY

MOMENTUM
—MINISTRIES—

Derechos de autor © 2024, 2025 Scott Wade

Publicado por Momentum Ministries
Proverbios: Sabiduría para el camino / Scott Wade

ISBN: 978-1-953285-62-1

Momentum Ministries
P.O. Box 206
Johns Island, SC 29457-0206

Toda cita bíblica no designada es de la Reina Valera Actualizada (RVA 2015). Copyright © 2015 Editorial Mundo Hispano.

Se agradece el permiso para citar las siguientes versiones adicionales de la Biblia con derechos de autor:

Santa Biblia, Nueva Versión Internacional®, NIV® Copyright ©1999, 2015, 2022 por Bíblica, Inc.® Usada con permiso. Todos los derechos reservados.

La *Santa Biblia,* Nueva Traducción Viviente, © Tyndale House Foundation, 2010. Todos los derechos reservados.

Los logos de Momentum Ministries son marcas registradas de Momentum Ministries.

Diseño de forro e interior por D.E. West—www.zaqdesigns.com
con Dust Jacket Creative Services
[Traducción del inglés al español]

Impreso en los Estados Unidos de América

www.momentumministries.org

DEDICACIÓN

Este libro se dedica en memoria de
D. Eugene Simpson, mi amigo y mentor.
Como superintendente del distrito de
Carolina del Norte, él tomó un riesgo
conmigo y me dio mi primera oportunidad
pastoral. Su sabiduría y gracia me han
inspirado a lo largo de mis cuarenta
años de ministerio.

CONTENIDOS

PREFACIO

Al escribir este prefacio para el libro devocional de Proverbios del evangelista Scott Wade, estoy leyendo otro libro que él escribió: *La subida*: Estírese. En ese libro (#4 de la serie *La subida*), Scott escribe, "Pero yo tengo "un edificio de Dios, una casa no hecha por manos humanas, eterna en el cielo" (2 Corintios 5:1). Así como Dios me formó dentro del vientre de mi madre, él me creará un nuevo cuerpo. Está en el libro. ¡Échele un vistazo!

Ahora mire el libro más reciente de Scott, *Proverbios: Sabiduría para el camino*. Aquí será retado a leer un capítulo de Proverbios cada día por treinta y un días. De cada capítulo Scott se enfoca en uno o dos versículos con un mensaje importante para la iglesia y los cristianos de hoy. Por ejemplo, él usa Proverbios 1:5 para decirnos, "Si quiere ganar sabiduría, entonces use sus oídos más que la boca". O en su capítulo "Promesa vs. principio", de Proverbios 2, su consejo sabio es que "nuestra esperanza puede crecer aún en medio de la demora". De "El principio de la generosidad" (Proverbios 3) a "Ella es pequeña pero fuerte" (Proverbios 31), Scott le recordará de los principios eternos encontrados en la Palabra de Dios. ¡Échele un vistazo!

No puedo agregar a lo que ya se ha escrito sobre el carácter de Scott ni el de su esposa. En prefacios que han escrito, dos superintendentes generales nazarenos, un presidente de universidad, un educador de toda la vida y hasta el propio superintendente de distrito de la Iglesia del Nazareno de Scott ya han indicado la humilde y santa relación con Dios de esta pareja.

Como compañero evangelista, yo también recomiendo este libro con confianza, porque no solo he leído los libros de Scott sino también los he regalado a cientos de personas en mis servicios de avivamiento. Yo creo que ellos, como usted, encontrarán que sus libros son tanto desafiantes como alentadores —¡si solo les echaran un vistazo!—.

Está en el Libro. ¡Échele un vistazo y escuche!

—Bill Ulmet
Evangelista titular
Iglesia del Nazareno

RECONOCIMIENTOS

Lana Wade, mi esposa, ha demostrado amor, fe, ánimo y paciencia sin titubear, aunque honestamente he "reprobado" la jubilación. Tenerla conmigo en el viaje me ha dado una forma única de "sabiduría para el camino".

El resto de mi familia—mis hijos y nietos— también han aportado amor, confianza y gozo mientras trabajaba en este y en otros proyectos de ministerio.

Varios amigos y miembros de la familia han aportado artículos para este libro: Aaron Beasley, Emily Beasley, Amy Berry, Sama Gilliland, Kenny McQuitty, John Wade y Jenny Young. Les agradezco sus contribuciones meditadas. Se les reconoce al final de los artículos que proveyeron.

Adam Toler de Dust Jacket Publishing se ha constatado como un recurso valioso y un guía alentador al proceso de publicación. Eso incluye esta obra y varias otras también. ¡Gracias, Adam!

Una vez más Jonathan Wright ha provisto excelentes servicios de edición. Es un gozo trabajar con Jonathan— ¡y de alguna forma me hace lucir bien en el proceso!.

Gracias a todas las personas que oran y contribuyen de manera financiera a Momentum Ministries. ¡Ustedes ayudan a proveer los recursos espirituales y financieros que necesitamos para seguir ayudando a la gente a lograr, mantener y recuperar ímpetu espiritual!

Por último, quiero agradecer a los del equipo de Momentum Ministries. Ya sean miembros del consejo o consejeros, voluntarios o "voces", ustedes mantienen a Momentum en marcha.

INTRODUCCIÓN

Al pasar por la vida, probablemente se encuentra buscando sabiduría práctica para guiar sus pasos—ya sea cómo manejar relaciones, tomar decisiones éticas o navegar retos diarios—. Allí es donde entra el libro de Proverbios, ofreciendo consejos claros, intemporales para las situaciones a las que nos encontramos cada día.

Este libro, *Proverbios: Sabiduría para el camino*, es una colección de treinta y un devocionales diarios basados en las perspectivas del cuarto libro de la serie de Subida, *La Subida: Estírese*. Mi oración es que cada reflexión le anime a profundizar su confianza en Dios y le ayude a poner en práctica la sabiduría bíblica en su vida diaria. Ya sea si está buscando mejorar sus relaciones, tomar mejores decisiones o simplemente crecer en su fe, hay algo aquí para usted.

Mientras estudia estos devocionales diarios, que encuentre que la sabiduría de Dios no es solo un concepto de la antigüedad pero que aún es relevante y poderosa en su vida hoy en día. Cada proverbio tiene el potencial de formar su corazón, su mente y sus acciones. Así que empecemos este viaje juntos, buscando vivir con la sabiduría que viene únicamente de Dios.

¿OÍSTE ESO?

LECTURA DIARIA: PROVERBIOS 1

ENFOQUE BÍBLICO: El sabio oirá y aumentará su saber, y el entendido adquirirá habilidades. (Proverbios 1:5).

PENSAMIENTO DEVOCIONAL: ¿Alguna vez ha estado cerca de alguien que pensaba que no le quedaba nada por aprender? ¿Se ha encontrado pensando: "Me gustaría que escuchara" o "Si tan solo intentara entender"? Si es así, puede apreciar Proverbios 1, nuestro capítulo del día. La apertura de este libro es un llamado a que las personas oigan y aprendan.

Al leer estos proverbios, recuerde que no fueron escritos para entenderse como X + Y = Z, o sea, si hace X y Y, se le garantiza obtener Z. La sabiduría no es matemáticas. Sus decisiones no son las únicas que le impactan. Dios nos da a cada uno de nosotros la libertad, pero experimentamos el tapiz de la vida en base de donde estamos en la tela—quienes están a nuestro alrededor y lo que estos están haciendo—. Así que en vez de leer Proverbios como "Promesas", léalo como "Principios". Su vida será mejor cuando observa su sabiduría y peor si la ignora.

El sabio oirá y aumentará su saber. La verdadera sabiduría reconoce que el conocimiento está constantemente un paso adelante de su perseguidor.

Dos cosas están trabajando aquí: el sabio no sabe todo y toma cierta cantidad de sabiduría para saber solamente escuchar. Si quiere ganar sabiduría, use sus oídos más que su boca. Necesitamos siempre leer, siempre buscar cosas nuevas de Dios, siempre escuchar a los que están a nuestro alrededor.

El entendido adquirirá habilidades. Si pensamos que ya sabemos todo, no aceptamos la dirección de otros. Pero cuando entendemos que simplemente nos puede faltar conocimiento, ¡entonces estamos dispuestos a escuchar a otros y hasta podríamos llegar a convencernos de que cambiemos de dirección!

ORACIÓN: Gracias, Señor, por la voluntad revelada de tu Palabra, la voz apacible y delicada de tu Espíritu y la sabiduría combinada de tu pueblo. Ayúdame a escuchar y a aumentar mi aprendizaje, entendimiento y dirección. Amén.

REFLEXIÓN: ¿Cómo ha impactado la dirección de Dios a través de su palabra a alguna decisión reciente en su vida?

¿En qué áreas de su vida necesita confiar más en el momento justo de Dios y buscar más su voluntad?

PROMESA VS. PRINCIPIO
LECTURA DIARIA: PROVERBIOS 2

ENFOQUE BÍBLICO: Porque los rectos habitarán la tierra y los íntegros permanecerán en ella. Pero los impíos serán exterminados de la tierra y los traicioneros serán desarraigados de ella. (Proverbios 2:21–22).

PENSAMIENTO DEVOCIONAL: Proverbios 2:21–22 demuestra que los Proverbios se deberían leer como principios, no promesas. Si leemos estos versículos como promesas tendremos problemas para conciliarlos con la realidad—no solo nuestra realidad sino también la realidad que se encuentra en otras páginas de la Biblia—.

El problema con leer esto como promesas es doble: (1) ¿Cuál es el período de tiempo? Y, (2) ¿a quién se le hace la promesa? Proverbios 2 fue escrito en un tiempo cuando la nación de Israel estaba en su cenit. Salomón era el rey, la economía era buena y el panorama era brillante. La historia más adelante y hasta los últimos acontecimientos revelan que el Israel geográfico no ha permanecido como el hogar exclusivo de gente recta. ¡Ni siquiera ha sido el hogar continuo de los israelitas! Ha habido tiempos a través de la historia cuando el pueblo de Israel ha sido esparcido y cuando pueblos ocupantes vivieron en el territorio histórico de Israel.

Leer estos versículos como promesas nos presenta con algunas dificultades. Eso nos lleva a la segunda pregunta: Si estos versículos son promesas, ¿entonces fueron hechas a alguien más además de las personas que experimentaron ocupación y exilio?

Quizás no era aplicable para las generaciones durante el exilio de Israel. Pero si llegamos a esa conclusión, entonces perdemos en efecto el poder de una promesa porque no podemos decir para quién es. No hay esperanza en una promesa vaga.

Sin embargo, si miramos estos versículos como principios, entonces nuestra esperanza puede florecer aún en medio de la demora, la derrota y sí, hasta en la muerte. El principio alrededor del cual construiré mi vida es el de ser recto y tener integridad. Cuando hago eso sé que mi vida se inclinará a la bendición y la seguridad—sin importar cómo sean las fuerzas y condiciones externas—.

ORACIÓN: Gracias, Señor, por las promesas y los principios de tu palabra por igual. Ayúdame a aferrarme a lo que es promesa y a vivir por los principios—y a entender la diferencia—para que mi fe florezca. Amén.

REFLEXIÓN: ¿De qué forma se encuentra enfocándose en los resultados inmediatos en vez de confiar en las bendiciones de largo plazo que vienen de la vida recta?

Considere cómo sus acciones y decisiones se pueden alinear con este principio a pesar de las incertidumbres de la vida.

EL PRINCIPIO DE LA GENEROSIDAD
LECTURA DIARIA: PROVERBIOS 3

ENFOQUE BÍBLICO: Honra al SEÑOR con tus riquezas y con las primicias de todos tus frutos. Así tus graneros estarán llenos de abundancia, y tus lagares rebosarán de vino nuevo. (Proverbios 3:9–10).

PENSAMIENTO DEVOCIONAL: Yo tengo una amiga querida que ama a Dios y diezma fielmente. Pero frecuentemente tiene dificultades financieras. ¿Cómo le explico estos versículos a ella, cuyos graneros *no* están llenos de abundancia y cuyos lagares *no* rebosan de vino? Simplemente le señalo las bendiciones de Dios en cosas pequeñas y le recuerdo cómo Dios le ha enriquecido el alma de plenitud. Además le puedo decir que las circunstancias también determinan qué y cómo Dios bendecirá. Permítame explicar.

Hay otro lugar en la Biblia donde podemos ir a leer una promesa en cuanto al diezmo:

> *Traigan todo el diezmo al tesoro. . .*
> *[Pruébenme en esto] si no les abriré las ventanas*
> *de los cielos y vaciaré sobre ustedes bendición hasta*
> *que sobreabunde. A causa de ustedes   increparé*

*también al devorador, para que no les consuma el
fruto de la tierra.*
(Malaquías 3:10–11)

En estos versículos vemos que hay factores prácticos a lo
que Dios puede bendecir. Él dijo que increparía al devorador
para que los frutos no se destruyeran. ¡Eso da por sentado que
los campos están siendo sembrados y trabajados! Más que eso,
supone que están produciendo debido a condiciones correctas.
Una temporada de sequía tendrá un impacto en el cultivo de un
adorador de Dios también. Pero Dios aún bendecirá. Dios aún
hará un camino.

Sea principio o promesa, un buen hábito de vida es ser un
dador de diezmos fiel. Los buenos mayordomos, los que alegran
a Dios, ¡no sólo deben tener la disposición para dar pero también
deben dar de verdad! Ellos deben "honrar al Señor con su riqueza
y con los primeros frutos; entonces sus graneros serán llenos de
abundancia".

ORACIÓN: Señor, te agradezco por el principio de la
generosidad. Tu generosidad conmigo me permite ser generoso
hacia ti en dar diezmos y ofrendas. Mi generosidad abre las
puertas del cielo para más bendiciones de tu mano. Amén.

REFLEXIÓN: ¿Cómo puede honrar al Señor con sus recursos,
aun cuando no lleva a ganancias financieras de inmediato?

¿Cómo ha afectado su salud espiritual el dar generosamente,
ya sea mediante los diezmos, las ofrendas u otros actos de
generosidad?

GUARDE EL CORAZÓN
LECTURA DIARIA: PROVERBIOS 4

ENFOQUE BÍBLICO: Por sobre todas las cosas cuida tu corazón, porque de él mana la vida. (Proverbios 4:23 NVI).

PENSAMIENTO DEVOCIONAL: Como todo lo que hacemos, todo lo que buscamos fluye de nuestro corazón, la sabiduría nos diría que cuidemos nuestros corazones. ¿Pero cómo haremos eso? Aquí tiene unas ideas de las Sagradas Escrituras:

Mantenga el agradecimiento y alabanza a Dios en su corazón. "Te alabaré, oh SEÑOR, con todo mi corazón; contaré todas tus maravillas" (Salmo 9:1). Mantenga su corazón enfocado en Dios. "Porque donde está tu tesoro, allí también estará tu corazón [. . .] Nadie puede servir a dos señores; porque aborrecerá al uno y amará al otro, o se dedicará al uno y menospreciar al otro. No pueden servir a Dios y a las riquezas" (Mateo 6:21, 24).

Confíe en Dios con todo el corazón. "Confía en el SEÑOR con todo tu corazón y no te apoyes en tu propia inteligencia. Reconócelo en todos tus caminos y él enderezará tus sendas" (Proverbios 3:5–6).

Pídale a Dios que le purifique el corazón. "Les daré un corazón nuevo y pondré un espíritu nuevo dentro de ustedes.

Quitaré de su carne el corazón de piedra y les daré un corazón de carne" (Ezequiel 36:26).

Mantenga un corazón perdonado que perdona. "Así también hará con ustedes mi Padre celestial si no perdonan de corazón cada uno a su hermano" (Mateo 18:35).

Mantenga su corazón humilde ante Dios. ""Por cuanto tu corazón se ha enternecido y te has humillado delante de Dios, cuando escuchaste sus palabras contra este lugar y contra sus habitantes; por cuanto te humillaste delante de mí y rasgaste tus vestiduras y lloraste en mi presencia, yo también te he escuchado", dice el SEÑOR" (2 Crónicas 34:27).

¡Cuide su corazón!

ORACIÓN: Señor, ¡purifica mi corazón! Luego ayúdame a cuidarlo de los pensamientos y actitudes no santos, para que mis palabras y acciones te sean agradables. Amén.

REFLEXIÓN: Considere las seis formas de cuidar el corazón que se enumeran en el devocional (agradecimiento, enfoque, confianza, pureza, perdón y humildad). ¿Cuál de estos siente que necesita de más atención en su vida ahora mismo?

¿Qué pasos prácticos puede tomar esta semana para mejor cuidar su corazón en esa área y permitir que sus acciones fluyan de un lugar de salud espiritual?

MÁS QUE NUNCA
LECTURA DIARIA: PROVERBIOS 5

ENFOQUE BÍBLICO: Aleja de ella tu camino y no te acerques a la puerta de su casa, no sea que des a otros tu honor y tus años a alguien que es cruel (Proverbios 5:8–9).

PENSAMIENTO DEVOCIONAL: El Rey Salomón, un mujeriego cuyo apetito para las mujeres lo apartó de su firme devoción a Dios, escribió Proverbios 5 para su hijo. Hablando de la experiencia personal, él sabía que un deseo sexual sin disciplina podía traer angustia fuerte. Él quería evitar que su hijo pasara por el mismo dolor que él sufrió.

¡El pecado destruye las vidas! Los pecados sexuales destruyen a familias. Sé de muchas personas que han intercambiado el gozo de ser padres, abuelos y la seguridad financiera por caer en la tentación del pecado sexual. Por eso Salomón le dijo a su hijo que se alejara del pecado sexual. Ni siquiera se acerque a su puerta. ¿Cómo sería eso para la generación de hoy?

- La pornografía a menudo es la primera área de tentación hoy. Hay que poner salvaguardias a nuestros hábitos en línea. Haga a otra persona alguien a quien responder. Dé acceso total a su computadora y teléfono a su pareja (o a otra persona de confianza). Y cuando aparecen esas ventanas emergentes, ¡ciérrelas!

- Las relaciones en línea han arruinado más que suficientes matrimonios. Nunca tenga secretos. Ni siquiera empiece a hablar con alguien que podría llegar a ser una tentación.

- El comportamiento coqueto se debe evitar como si fuera un virus mortal. No juegue con eso.

- Tenga cuidado para evitar cualquier apariencia de maldad. ¡Aun estando a solas inocentemente con alguien del sexo opuesto es un peligro que hay que evitar!

Las cosas no han cambiado en tres mil años. La destrucción causada por el pecado sexual sigue siendo igual de costosa. ¡Las advertencias fuertes para evitarla se necesitan para nuestra generación más que nunca!

ORACIÓN: Señor, abundan la confusión y las mentiras en cuanto a los pecados sexuales. Ayúdame a saber la verdad que está en tu Palabra, y que esa verdad me libre del pecado y la destrucción del comportamiento inmoral. Amén.

REFLEXIÓN: Salomón advierte contra acercarse a "la puerta de tentación". ¿Qué puertas en su vida pueden estar abriéndole a pecado o tentación potencial?

¿Cómo puede tomar pasos proactivos hoy para cerrar esas puertas y establecer salvaguardas para proteger sus relaciones e integridad espiritual?

¡SALGA Y QUÉDESE LIBRE!
LECTURA DIARIA: PROVERBIOS 6

ENFOQUE BÍBLICO: ...te has enredado con tus palabras y has quedado atrapado con los dichos de tu boca. Ahora pues, haz esto, hijo mío, para quedar libre ya que has caído en las manos de tu prójimo: Anda, humíllate, importuna a tu prójimo; no des sueño a tus ojos ni dejes dormitar tus párpados. Escapa como el venado de mano del cazador, como ave de mano del que tiende la red. (Proverbios 6:2–5).

PENSAMIENTO DEVOCIONAL: Cuando se trata de la deuda—¡salga y quédese libre!—.

Salomón le advirtió a su hijo que evitara endeudarse, a sobre comprometerse con "las palabras de tu boca". Él insistió en esto, diciéndole que no descansara hasta resolver el asunto. Para mí eso es un consejo sensato: ¡Mantenga sus deudas al mínimo y salga de sus deudas en cuanto pueda!

Gastar el día de hoy el dinero de mañana es una propuesta arriesgada. Aquí hay unas cosas que demanda la sabiduría:

¡No tenga un saldo en su tarjeta de crédito! Use su tarjeta de crédito solamente hasta la cantidad que pueda pagar en completo cada mes. Sí, tendrá que esperar ciertas cosas, pero tener una máquina lavadora de estilo anterior que ya está pagada absolutamente se siente mejor que tener un saldo de tarjeta de crédito que requiere pagos con interés cada mes.

Cuando le es necesario entrar en deuda (solo para su negocio o su casa debería ser su meta), entonces pague lo más rápido posible. Puede ser incómodo esperar tres años más manejando su carro viejo, pero se ahorrará miles al no tener pagos de intereses. Y, ¡nunca compre un carro en base de los pagos! Si tiene que calcular los pagos para ver si está a su alcance, ¡está fuera de su alcance! Compre algo más barato. Sé que hay ocasiones en las que esperar para el carro no sea algo posible, pero cuando pueda, ¡espere!

Si compra algo a noventa días sin intereses, ¡páguelo dentro de noventa días! Si eso está fuera de su alcance, no lo compre.

Así que—¡salga y quédese libre!—.

ORACIÓN: Jesús, gracias por pagar la deuda que yo debía por mi pecado. Ahora ayúdame a acatar la admonición de la Biblia de "no tengan deudas pendientes con nadie a no ser la de amarse unos a otros" (Romanos 13:8 NVI). Amén.

REFLEXIÓN: ¿Qué compromisos o deudas tiene que necesita resolver rápidamente? ¿Cómo puede aplicar la urgencia de Salomón en atender a sus responsabilidades financieras hoy?

¿Qué pasos puede tomar para evitar deudas innecesarias en el futuro? Considere cómo esperar por lo que le alcanza ahora le podría salvar de cargas financieras más adelante.

¡NO FALLE EN PLANEAR!
LECTURA DIARIA: PROVERBIOS 7

ENFOQUE BÍBLICO: Guarda mis mandamientos y vivirás; guarda mi enseñanza como a la niña de tus ojos (Proverbios 7:2).

PENSAMIENTO DEVOCIONAL: Capítulo 7 de Proverbios es como mucho incómodo. El joven atrapado por el pecado no parece estar buscando el pecado que lo encuentra. En eso está la verdad aterradora que se revela en este proverbio: no tenemos que salir a buscar el pecado; este nos encontrará fácilmente si no estamos en guardia contra ello.

Considere dos de las características del joven que lo llevaron a la caída:

> *Él se acercó a la tentación. Él sabía a dónde llevaba su camino, y el hecho que estaba caminando por allí en la oscuridad sugiere que él podría haber tenido otro motivo en mente. Creo que nosotros hacemos lo mismo a veces —intentamos acercarnos lo más que se puede humanamente al pecado sin sucumbir a la tentación—. (Yo creo que esto es toda la idea detrás de la pornografía. Mirar y no tocar no cuenta como adulterio en nuestra cultura.)*

Él se quedó cerca de la tentación. Aunque no siguió a la mujer a su casa de inmediato, él se quedó suficiente tiempo en su presencia para convencerse de ir con ella.

Satanás, el padre de mentiras, acecha la tierra como un león, buscando robarnos el gozo y destruir nuestras almas. La sabiduría dictaría que prestemos atención al consejo de Proverbios 7:2: "Guarda mis mandamientos y vivirás; guarda mi enseñanza como a la niña de tus ojos". El joven en este proverbio no intentó anticipar los peligros y así evitarlos. Él había, en las palabras de Benjamin Franklin, fallado al planear y así estaba planeando fallar.

ORACIÓN: Señor, tu Palabra es un camino de vida. Ayúdame a guardar tus enseñanzas como a la niña de mis ojos—a guardar tu Palabra en mi corazón—para que no caiga en tentación. Amén.

REFLEXIÓN: ¿En qué áreas de su vida está caminando cerca a la tentación? ¿Cómo puede planear mejor para evitar situaciones que podrían llevar al pecado?

¿Qué puede hacer hoy para guardar las enseñanzas de Dios como "la niña de sus ojos"?

SABIDURÍA DE LOS AÑOS
LECTURA DIARIA: PROVERBIOS 8

ENFOQUE BÍBLICO: El SEÑOR me creó como su obra maestra, antes que sus hechos más antiguos. Desde la eternidad tuve el principado, desde el principio, antes que la tierra (Proverbios 8:22–23).

PENSAMIENTO DEVOCIONAL: Proverbios 8, el capítulo de hoy, trata completamente de la sabiduría. En este capítulo la sabiduría es personificada, "hablando" en primera persona. ¡Y hace unas afirmaciones impresionantes sobre ella misma! La más grande probablemente se encuentra en los versículos 22–23: La sabiduría es tan antigua como —sí, *más antigua que*— el mismo universo. Cuando Dios empezó a crear el universo, lo hizo dentro de los límites de algo ya establecido: la sabiduría de él.

L a sabiduría es evidente en . . .

Las leyes físicas. El universo opera bajo un conjunto ordenado de leyes que gobiernan qué cosas pasan y cómo pasan. Si A + B = C, entonces A + B siempre igualarán a C. Debido a eso, la humanidad ha podido hacer grandes logros en la agricultura, en medicina, en salud y en tecnología.

Leyes morales. Estas leyes no cambian porque la gente decide ignorarlas o reemplazarlas con principios morales "nuevos y mejorados". ¡El mejor fundamento moral es el que está a los pies del creador del universo!

Leyes espirituales. Este tipo de sabiduría también ha estado presente desde el principio. Dios creó a las personas como seres espirituales. Él nos creó para amarnos y para que a cambio nosotros le amáramos. Él nos creó para conocerle y para estar con él para siempre. Espiritualmente nuestro origen está en Dios y nuestro destino creado es estar con él para siempre. Dios en su sabiduría, sin embargo, nos ha dado la habilidad y responsabilidad moral de escoger nuestro destino. Escoger a Dios es el curso sabio, pero tristemente, no es el único curso que la gente escoge.

La verdadera sabiduría no es algo que depende de los vientos de cultura o corrección política. Está plantada en el carácter y la eternidad de Dios.

ORACIÓN: Señor, Padre eterno, creador de toda cosa buena y bella, ayúdame hoy a abrazar tu sabiduría, viviendo dentro de las bendiciones de tus leyes físicas, leyes morales y leyes espirituales. Amén.

REFLEXIÓN: ¿En qué áreas de su vida se siente tentado(a) a seguir los vientos cambiantes de la cultura en vez de la sabiduría establecida de Dios?

¿Cómo puede alinear más su vida con la sabiduría eterna de Dios?

MÁS FUERTE QUE LA CORRIENTE DE LAS AGUAS TURBULENTAS

LECTURA DIARIA: PROVERBIOS 9

ENFOQUE BÍBLICO: El principio de la sabiduría es el temor del SEÑOR, y el conocimiento del Santísimo es la inteligencia (Proverbios 9:10).

PENSAMIENTO DEVOCIONAL: ¿Qué quiere decir temer al Señor? ¿Es algo negativo? ¿Es algo que deberíamos hacer?

Yo puedo entender mejor el temor del Señor al relacionarlo a una experiencia que tuve durante unas vacaciones con mi hija menor y su esposo en las Cataratas del Niágara. Recuerdo con claridad la sensación que tuve al caminar al lado del Río Niágara justo arriba de las cataratas. Antes habíamos mirado las cataratas y nos habíamos sentido inundados por su belleza. Habíamos visto que 748,000 galones de agua caían por su borde cada segundo. Ahora caminando por el sendero más arriba de las cataratas, mirando al agua correr velozmente a unos pies de mí, tuve una sensación abrumadora de "Si me caigo allí, ¡seré un muerto!". Fue temor. Pero no tenía miedo.

El temor del Señor es así. Dios no nos da miedo, pero le tememos. Le adoramos en su belleza, en su poder, en su santidad. Pero nos acercamos a él con reverencia, sabiendo que venimos ante él por sus términos, no los nuestros. Así como no pensaríamos en nadar en el Río Niágara justo arriba de las cataratas, no pensaríamos en acercarnos a Dios con nuestros propios términos. Sabemos que Dios nos ama y que envió a su Hijo a morir por nosotros para que pudiéramos llegar ante él con valentía. Pero debemos llegar mediante el Hijo. Debemos ir ante el trono de gracia con humildad. Cuando hacemos eso, habremos encontrado el sendero de la sabiduría y ¡podemos tener el conocimiento del Santísimo!

ORACIÓN: Señor, aunque eres más fuerte que la corriente veloz de las aguas, ayúdame a temerte pero a no tenerte miedo —a reverenciarte pero a no esconderme de ti—. ¡Que pueda acercarme a ti con confianza por tu gran amor! Amén.

REFLEXIÓN: Proverbios 9:10 dice: "El principio de la sabiduría es el temor del SEÑOR". ¿Qué pasos prácticos puede tomar para alinearse con la sabiduría de Dios en su vida diaria?

¿Cómo forma su toma de decisiones y crecimiento espiritual el acercarse a Dios con reverencia y confianza?

UN RECORDATORIO EL DÍA DE LA BODA
LECTURA DIARIA: PROVERBIOS 10

ENFOQUE BÍBLICO: El hijo sabio alegra a su padre, pero el hijo necio es tristeza de su madre (Proverbios 10:1).

PENSAMIENTO DEVOCIONAL: El día que escribí este artículo devocional mi hija se casaba. Unos días más tarde mi sobrina iba a contraer matrimonio. Pensé que era providencial que doce de los proverbios que se encuentran en el capítulo de hoy tienen que ver con la expresión. ¡La sabiduría al hablar es esencial en el matrimonio y de hecho en todas las relaciones!

Si Salomón estuviera escribiendo estos proverbios sobre la expresión hoy en día, puede estar seguro de que él hubiera incluido el escribir, enviar correos electrónicos, textear, tuitear y cualquier cosa que hacemos para comunicarnos. Y no se trata solamente de las palabras que usamos. Un encogimiento de hombros aquí y un revoleo de los ojos allá pueden comunicar tanto como o más que meras palabras. Pero aun así, una sonrisa y un abrazo pueden ser de mucho bien. ¿Alguna vez ha notado cómo una sonrisa sincera es resaltada por ojos que brillan? Me encanta ver a la gente que sonríe con los ojos.

Hay doce versículos en Proverbios 10 que tratan del habla. Todos incluyen advertencias contra hablar negativamente, y siete de ellos elogian las virtudes de hablar positivamente. Salomón conocía la experiencia humana, que todos debemos luchar contra la tendencia hacia la negatividad en nuestra comunicación. Salomón entendía el daño que puede causar la lengua y se enfocó en el mal uso de ella. Para vencer al negativo, debemos enfocarnos deliberadamente en lo positivo.

Sea a recién casados, ya casados o nunca casados, les regalo este consejo simple, algo que probablemente ya sepa, pero no le vendrá mal escuchar de nuevo: Hable suave y apaciblemente a su pareja. No sea un "hijo necio que es tristeza de su [familia]". Permita que su pareja vea esa sonrisa brillante en sus ojos cada día [...] ese mismo brillo que mostró en el día de su boda.

—John Wade

ORACIÓN: Gracias, Señor, por el regalo de la expresión. Nuestras palabras pueden traer sanidad y esperanza y felicidad. Pero también tienen la potencial de traer enfermedad y lamento y tristeza. Ayúdame el día de hoy a usar mis palabras para edificar a los que están alrededor de mí. Amén.

REFLEXIÓN: Considere sus conversaciones recientes y cómo sus palabras han afectado a los que están a su alrededor. ¿Qué cambios podría hacer para asegurar que su habla fortalezca a otros?

¿De qué manera puede su expresión traerle sanidad y gozo a su pareja, familia o amistades cercanas? ¿Cómo puede mejorar esas relaciones el practicar control al hablar? ¿Cómo puede balancear dar su opinión con practicar control?

GENEROSO EN ESPÍRITU Y EN HECHO
LECTURA DIARIA: PROVERBIOS 11

ENFOQUE BÍBLICO: Hay quienes reparten y les es añadido más; y hay quienes retienen indebidamente solo para acabar en escasez. La persona generosa será prosperada y el que sacia a otros también será saciado (Proverbios 11:24–25).

PENSAMIENTO DEVOCIONAL: La sabiduría que encontramos en Proverbios 11 se resalta en claro contraste a lo que el mundo diría que es sabio. En una sociedad que pone tanto énfasis en las riquezas, bienes materiales y "seguridad" financiera, la idea de que nos enriquecemos al dar libremente a otros es un concepto extraño. Quizás la respuesta natural humana después de que los gobiernos federales y estatales hayan tomado su porción de nuestro sueldo es sentir que hemos hecho lo suficiente. Una vez que lo que queda llega a nuestras manos, nos sentimos con derecho a cada centavo. Nos sentimos obligados a gastarlo rápidamente (antes de que el gobierno piense en otra manera creativa de obtener lo que queda) o a esconderlo por temor del futuro.

¿Pero es esta la actitud que debemos tener como seguidores de Cristo? Considere el ejemplo máximo de entrega en Jesucristo. Si alguna vez hubo alguien con derecho a una bendición o un futuro seguro, fue el Hijo justo de Dios. Pero Jesús, "existiendo en forma de Dios, él no consideró el ser igual a Dios como algo a que aferrarse [. . .] se despojó a sí mismo, tomando forma de siervo [. . .] se humilló a sí mismo haciéndose obediente hasta la muerte, ¡y muerte de cruz!" (Filipenses 2:6–8). El que se entregó a sí mismo tan libremente fue glorificado mediante su muerte y resurrección, y la bendición resultante fue el acto que más cambió las reglas del juego en la historia de la humanidad. Trae a la mente las palabras del Salmo 112:9: "Esparce, da a los necesitados; su justicia permanece para siempre y su poderío será exaltado en gloria". ¡Que se diga lo mismo de nosotros al esforzarnos a ser más y más como Jesucristo!

—Jenny Young

ORACIÓN: Señor Jesús, tú te despojaste de toda comodidad y el privilegio de tu hogar celestial para vivir con nosotros en nuestro mundo de oscuridad y miseria. Tú diste todo lo que tenías para nuestro bien. Ayúdame a ser como tú, generoso en espíritu y en hecho. Amén.

REFLEXIÓN: Jesús se vació de sí mismo para el bien de otros. ¿Cómo puede modelar este tipo de generosidad abnegada en su propia vida, tanto en espíritu como en acción?

¿Cómo le reta su perspectiva de entrega el principio de enriquecer mediante la generosidad? ¿De qué formas específicas puede ser más generoso, confiando en que Dios le bendecirá a cambio?

TOMAR MI MEDICINA
LECTURA DIARIA: PROVERBIOS 12

ENFOQUE BÍBLICO: El que ama la disciplina ama el conocimiento (Proverbios 12:1 NVI).

PENSAMIENTO DEVOCIONAL: Al leer este capítulo, inicialmente pensé que podía ignorar nueve de los versículos porque se dirigen hacia el comportamiento de los "malvados", y yo no soy malvado. *Malvado* aquí quiere decir "malo", "cruel", "vil", "detestable", y, bueno, usted sabe qué es *malvado*. ¡Y yo *no* soy malvado! Un poco egocéntrico, quizás, pero definitivamente no malvado.

Entonces me detuve para leer exactamente de qué son culpables esos "malvados".

- Versículo 2 menciona "intrigante". Espere —yo a veces he conspirado para beneficiarme a mí mismo—.

- Versículo 6 dice que "las palabras del malvado son insidias de muerte". Ocasionalmente yo he querido que se perjudique la gente que me ha hecho daño. Caramba.

- Versículo 10 dice que "el malvado es cruel". Yo en ocasión he sido cruel. Uf.

- Versículo 26 dice: "el camino del malvado lo hace errar". Yo he llevado por el mal camino a mis amigos en varias ocasiones. Oh no.

Todos estos comportamientos demuestran mi egoísmo. Si intercambio la palabra *malvado* en estos versículos con la palabra *egoísta,* entonces de repente ya no puedo ignorar su significado. Así es como estos versículos cambiados me llaman la atención:

- Versículo 2: *El hombre bueno recibe el favor del SEÑOR, pero el egoísta recibe su condena.*
- Versículo 6: *Las palabras del egoísta son insidias de muerte, pero la boca de los justos los pone a salvo.*
- Versículo 10: *. . . pero el egoísta es cruel.*
- Versículo 26: *El justo es guía de su prójimo, pero el camino del egoísta lo hace errar.*

De vez en cuando todos necesitamos de la disciplina del Señor. ¡Este capítulo fue el tiempo perfecto para que yo tomara mi medicina! —Sama Gilliland

ORACIÓN: Dios, ayúdame a recordar que el egoísmo es malvado. Ayúdame a leer tu Palabra con los ojos y un corazón abiertos para que las palabras de 2 Timoteo 3:16–17 nunca se disminuyan en mi vida: "Toda la Escritura es inspirada por Dios y útil para enseñar, para reprender, para corregir y para instruir en la justicia, a fin de que [yo] esté enteramente capacitado para toda buena obra" (NVI). Amén.

REFLEXIÓN: Cuando considera los rasgos del egoísmo en comparación con los comportamientos de los malvados, ¿ve áreas en las que usted puede estar actuando de manera egoísta?

¿Cómo puede comenzar a reemplazar las tendencias egoístas con altruismo en sus interacciones diarias?

CHAQUETA STARTER
LECTURA DIARIA: PROVERBIOS 13

ENFOQUE BÍBLICO: La esperanza que se demora es tormento del corazón, pero el deseo cumplido es árbol de vida (Proverbios 13:12).

PENSAMIENTO DEVOCIONAL: Cuando yo estaba en la escuela primaria, todos tenían chaquetas de marca Starter de sus equipos favoritos de fútbol americano de la NFL. Yo nunca fui tan fanático de los deportes, pero por alguna razón me encantaban los San Francisco 49ers. Y vaya, ¡yo sí que quería una de esas chaquetas Starter de los 49ers!

Así que para la Navidad ese año yo les rogué y les supliqué a mis padres que me compraran una. Sabía que la probabilidad era baja porque faltaba el dinero y las chaquetas no eran baratas. Cuando llegó la mañana de la Navidad, yo estaba seguro de que mi chaqueta estaba debajo del árbol. Voló el papel de regalo tras regalo, pero mi chaqueta no aparecía. Cuando se abrió el último regalo y yo no tenía chaqueta, había perdido toda la esperanza. Entonces —parecía que como de la nada— mi mamá sacó otro regalo. Me lo entregó y al abrir el sello de la caja, vi mi chaqueta. Llegué a apreciar y a entender mucho más el valor de esa chaqueta como mi mamá hizo que esperara ese corto período de tiempo. Creo que es muy parecido con Dios. Creo que hay situaciones, dolencias o solicitudes que le presentamos a Dios y esperamos con optimismo. Sin embargo, al pasar el tiempo sin respuesta o con una respuesta que quizás no quisimos, nos empieza a doler el corazón. Empezamos a hacer preguntas de "¿Por qué?". O suplicamos que nos dé algún tipo de entendimiento. Frecuentemente es durante estos tiempos de anhelo o cuando parece haber desaparecido la esperanza que más vemos el amor de Dios por nosotros. Es en este período de anhelo que vemos a Dios cumplir la escritura de Romanos 8:28 (NVI): "Sabemos que Dios dispone todas las cosas para el bien de quienes lo aman".

¡Dios tiene una chaqueta Starter para usted!

—Kenny McQuitty

ORACIÓN: Gracias, Señor Dios, que en todas las cosas estás obrando por mi bien. Aún en la espera estás obrando. Confío en ti. Amén.

REFLEXIÓN: ¿Cómo responde cuando algo que desea o anhela de corazón se demora o parece estar fuera del alcance?

¿En qué áreas de su vida siente que su esperanza está "aplazada"? ¿Cómo puede apoyarse en la promesa de Romanos 8:28, confiando que Dios está obrando por su bien, aún en tiempos de espera?

TERRITORIO DISTANTE Y DESCONOCIDO

LECTURA DIARIA: PROVERBIOS 14

ENFOQUE BÍBLICO: Hay un camino que al hombre le parece derecho, pero al final es camino de muerte (Proverbios 14:12).

PENSAMIENTO DEVOCIONAL: Hace algunos años serví como pastor interino para la Iglesia del Nazareno Memorial en Orangeburg, Carolina del Sur. La iglesia está ubicada a ochenta y siete millas de mi casa en Johns Island, Carolina del Sur. Es un "territorio distante y desconocido". Y dependía muchísimo de mi GPS, especialmente al regresar a casa después del servicio de la tarde. Cuando está oscuro todo se ve diferente. Puede ser muy confuso.

Una semana decidí que no necesitaba mi GPS. Estaba lloviendo y era difícil ver. Yo no me perdí, ¡pero sí fui en la dirección equivocada por un rato! Al manejar dando vueltas, un poco confundido, buscando regresar a la ruta correcta. . . ¡bum! Choqué con la isla central. Fuerte. Tan fuerte que me destruyó la llanta. Yo no sabía que el bordillo estaba ahí. No sabía del peligro por delante. Ni siquiera sabía que había salido de mi carril. Pensé que estaba bien. "Tambaleé" hasta un estacionamiento cercano y cambié la llanta.

Nosotros como creyentes estamos en un "territorio distante y desconocido". Este mundo no es nuestro hogar. Fuimos creados para el sol y la luz, no lluvia y oscuridad. Estando solos, es fácil perder el camino y pensar que estamos bien. La buena noticia es que tenemos un GPS para ayudarnos a navegar —Dios nos da la Palabra—. Su pueblo es nuestro compañero de viaje y su Espíritu es nuestro guía.

Como dije anteriormente, en la oscuridad todo se ve diferente. Asegurémonos de usar nuestro GPS para no ir en la dirección equivocada. ¡No es divertido chocar con el bordillo!

ORACIÓN: Padre, tengo confianza que el que comenzó una buena obra en mí será fiel en completarla. Ayúdame a usar mi GPS en el camino para evitar los bordillos y la destrucción que causan. Amén.

REFLEXIÓN: ¿Cómo se siente tentado a depender de su propio entendimiento en vez de buscar la dirección de Dios?

¿Cómo puede usar mejor su "GPS" para evitar tropiezos espirituales o peligros desapercibidos?

TESOROS DE LA CASA
LECTURA DIARIA: PROVERBIOS 15

ENFOQUE BÍBLICO: En la casa del justo hay tesoros (Proverbios 15:6 NTV).

PENSAMIENTO DEVOCIONAL: La vida de "jubilación" es diferente a la vida de un pastor. Yo sigo tan ocupado como siempre —escribiendo libros, preparando sermones, orando por y animando a otros— pero estoy en casa mucho, mucho más. Y para mi es un deleite que Lana siempre (o casi siempre) esté allí también. ¡Hay mucho tesoro en mi casa!

"En la casa del justo hay tesoros". Parece un poco atrevido aplicar este versículo a mí mismo. Entonces me acuerdo de que no es mi justicia sino la de Cristo de la cual presumo. Él es mi "justificación y santificación y redención" (1 Corintios 1:30). ¡Así que este versículo *sí* se aplica a mí!

Sus tesoros podrían parecer diferentes a los míos, pero hay tesoros en su casa también. Cada uno de nosotros tiene la vida y por lo menos algo de salud. Cada uno de nosotros como creyentes tiene el gozo del Señor como nuestra fortaleza. Tenemos paz con Dios a través de nuestro Señor Jesucristo, una paz que sobrepasa el entendimiento. Tenemos la familia de Dios. Tenemos el amor de Dios derramado en nuestros corazones mediante el Espíritu Santo. Tenemos la promesa de la vida eterna.

Sí, hay adversidad y angustia en cada casa. La tristeza o la enfermedad puede ser nuestra experiencia del momento. Si es así, recuerde que en todas las cosas Dios ayuda para su bien. ¡Eso es un tesoro para agarrar fuerte! Detengámonos y démosle las gracias a Dios por el tesoro que tenemos; apreciemos a aquellos que en nuestras vidas que nos fueron dados para amar y quienes nos aman a nosotros. Si hacemos eso, entonces yo creo que los tesoros en nuestras casas aumentarán.

ORACIÓN: Padre, gracias por la justificación que es nuestra en Cristo Jesús. Se nos ha dado un lugar en la familia de Dios. Y luego, Dios, tú nos has colmado de tu amor, llenando nuestros corazones y casas con tesoros. ¡Gracias! Amén.

REFLEXIÓN: ¿Qué tesoros reconoce en su propio hogar, tanto material como espiritual? ¿Cómo puede cultivar gratitud por las bendiciones que Dios ha puesto en su vida, aún en medio de retos?

¿Cómo puede cambiar su foco de tesoros temporales del mundo a los tesoros duraderos que vienen de la justificación de Dios?

DEJE QUE LO PIENSE UN POCO
LECTURA DIARIA: PROVERBIOS 16

ENFOQUE BÍBLICO: El que está atento a la palabra hallará el bien, y el que confía en el SEÑOR es bienaventurado (Proverbios 16:20).

PENSAMIENTO DEVOCIONAL: ¿Usted piensa en la Palabra? Dios nos ha dado su libro. Es el libro de la vida para nosotros. Pero debemos leerlo y estudiarlo y aplicarlo a nuestras vidas. No obtenemos la Palabra mediante ósmosis. El reflexionar en la Palabra requiere la inversión de tiempo. En el libro *Soul Feast* [*Banquete del alma*] la autora Marjorie Thompson nos anima a acercarnos a la Palabra en una forma sin apuros, ¡no para dominarla sino para ser dominados *por ella*! En vez de solamente leer la Palabra, tenemos que estar dispuestos a permitir que la Palabra nos "lea".

Un aspecto importante de reflexionar sobre la Palabra es tener un plan —el qué, el cuándo, el dónde y el qué tanto—. Hacer una lectura completa de la Biblia en un horario específico y disciplinado es importante para la exposición de "el consejo completo de Dios". De otra forma nuestro entendimiento espiritual estará deficiente o desequilibrado.

Reflexionar sobre la Palabra también implica interacción con otros. Cada uno de nosotros necesita ser retado por lo que otros ven en las Escrituras. Todos leemos la Biblia a través de los lentes de nuestros propios prejuicios y experiencias. Tener la perspectiva de alguien más le ayudará a pensar bien en cuanto a la Biblia. ¿Usted está en un grupo que habla de la Biblia y la aplica a la vida habitualmente?

Otra forma de reflexionar sobre la Palabra es aplicarla a usted mismo personalmente. Alguien una vez escribió: "Lea con un corazón vulnerable. Espere a ser bendecido en la lectura". Esa fue la actitud del muchacho Samuel del Antiguo Testamento cuando escuchó la voz del Señor en el templo y dijo: "Habla, que tu siervo escucha" (1 Samuel 3:10 NVI).

ORACIÓN: Ayúdame, Oh Señor, a reflexionar sobre tu palabra —a invertir el tiempo necesario, a buscar la sabiduría de otros y a aplicar a mi propia vida lo que descubro—. Amén.

REFLEXIÓN: ¿Cuánto pensamiento intencional y reflexión le da a la Palabra de Dios en su vida diaria?

¿Qué pasos puede tomar para profundizar su compromiso con las Escrituras y permitir que sea "leído" en vez de que usted simplemente las lea?

¿QUÉ LE HACE TAN INTELIGENTE?
LECTURA DIARIA: PROVERBIOS 17

ENFOQUE BÍBLICO: El que tiene conocimiento refrena sus palabras, y el de espíritu sereno es hombre prudente (Proverbios 17:27).

PENSAMIENTO DEVOCIONAL: ¿Ha escuchado (o preguntado): "¿Qué le hace tan inteligente?"? Generalmente se le dirige a una persona que sabe que tiene la razón y quiere que todos los demás lo reconozcan. Eso era lo que Salomón tenía en mente cuando elogiaba a los que refrenan sus palabras.

Refrenar las palabras es un arte perdido, ¿verdad? No estoy seguro de cuándo comenzó —quizás fue con los medios de la radio o la prensa escrita— pero sé que para el 1982 cuando *Crossfire [Fuego cruzado]* salió al aire en CNN, había un movimiento en los medios de tener a gente gritándose, desplazando las opiniones del otro. Luego llegó el noticiero FOX News y el ciclo de noticias de veinticuatro horas con todos los programas y voces compitiendo. ¡Algo tenía que llenar el tiempo al aire! La programación diurna ya tiene *The View [La perspectiva]*.

El surgimiento del internet vio muchos más canales para "la expresión" libre. Ahora están Facebook, Instagram, X, podcasts y blogs. . . ¡hasta devocionales por correo electrónico! Todos tienen algo que decir, y no importa si tiene sentido o no. Refrenar las palabras se ha vuelto un valor arcaico.

Con toda la competencia verbal que ocurre, ¡uno se pregunta quién está escuchando! Solamente cuando hacemos silencio es que podemos oír qué es lo que otro tiene que decir. Esa es una razón por la cual refrenar las palabras traerá sabiduría. Siempre he escuchado decir que Dios nos dio dos oídos, pero una boca para escuchar más que hablar. ¡No es mala observación! Proverbios 17 termina con un versículo apto: "Cuando calla, hasta el insensato es tenido por sabio; y el que cierra sus labios, por inteligente" (Proverbios 17:28). Otra persona sabia lo dijo de esta forma: "Es mejor estar callado y parecer estúpido que abrir la boca y disipar las dudas" (Abraham Lincoln).

¿Usted está refrenando sus palabras?

ORACIÓN: Señor, yo sé que "ningún hombre puede domar su lengua" (Santiago 3:8), así que pido que me des fuerzas para refrenar mis palabras y a mantener un espíritu calmado. En Jesucristo lo pido. Amén.

REFLEXIÓN: ¿En qué situaciones tiene más dificultad en refrenar sus palabras? ¿Cómo puede practicar el silencio y escuchar con más cuidado ayudarle a ganar sabiduría y entendimiento?

¿Cómo puede desarrollar un "espíritu sereno" en momentos de tensión o desacuerdo?

UNA IGLESIA PARA LOS QUE AMAN LA IGLESIA

LECTURA DIARIA: PROVERBIOS 18

ENFOQUE BÍBLICO: El que se aparta busca su propio deseo, y estalla en disputa contra toda iniciativa (Proverbios 18:1).

PENSAMIENTO DEVOCIONAL: Frecuentemente me he encontrado con un sentimiento visto en carteles de iglesias y en la declaración de objetivos fundamentales de grupos de vanguardia: "Somos una iglesia para las personas a quienes no les gusta la iglesia". ¿Qué? Eso parece como mucho contradictorio y autodestructivo en el peor de los casos. ¿Debemos de suponer que lo que en verdad querrán decir es: "Somos una iglesia para las personas a quienes no les gusta ninguna otra iglesia mas la nuestra"? Eso parece humilde, ¿no?

Yo una vez estuve en una discusión en la que una de los participantes dijo que ella creía que la iglesia era una institución creada por hombres que a menudo se interponía en su espiritualidad. Ella creía que las personas eran buenas en el fondo y que Dios siempre estaba en su corazón —ella sólo tenía que encontrarlo—. Y que ella podía hacer eso por sí misma, muchas gracias. ¿Pero es esto lo que dice la Biblia? ¿Es esto cómo Jesús se siente en cuanto a la iglesia? ¿No dijo que él edificaría la iglesia? ¿Acaso no murió para hacer santa la iglesia? ¿No se describe la iglesia como gloriosa, sin mancha ni arruga?

¿Es perfecta la iglesia? ¡Claro que no! ¡Hay *personas* en ella! Una vez escuché a un pastor decir: "Si encuentra una iglesia perfecta, no vaya allí—¡la arruinará!—".

El lobo obtiene su presa al separar la oveja de la seguridad de su manada. Satanás es el embustero maestro; él es el padre de las mentiras y conoce nuestros lugares más vulnerables. La única forma para proteger nuestros corazones de la tragedia de creerle a una versión torcida de la verdad (también conocida como una *mentira*) es sumergirnos en la Palabra, sinceramente buscando la verdad a través de la oración y siendo una parte del cuerpo de Cristo activa y adoradora.

—Jenny Young y Scott Wade

ORACIÓN: Señor, tú has dicho que edificarás tu Iglesia y que las puertas del infierno no prevalecerán contra ella. Ayúdame, Oh Señor, a sumergirme en la seguridad y el amor de tu Iglesia. Aunque no sea perfecta, se está perfeccionando. Aunque no es el Cielo, me ayudará a llegar allí. Amén.

REFLEXIÓN: ¿Cómo puede abrazar a la Iglesia a pesar de sus imperfecciones y contribuir a su crecimiento y misión?

¿Qué papel puede hacer usted en ayudar a la Iglesia a ser un lugar de amor, verdad y seguridad para otros?

CUIDADO CON LO QUE PIDA
LECTURA DIARIA: PROVERBIOS 19

ENFOQUE BÍBLICO: Tampoco es bueno hacer algo sin conocimiento, y peca el que se apresura con sus pies (Proverbios 19:2).

PENSAMIENTO DEVOCIONAL: Mientras me sentaba en una sala de espera la semana pasada, escuché la canción "You Can't Always Get What You Want" [No siempre puedes obtener lo que quieres], por los Rolling Stones. Es una canción algo extraña, pero el coro es en realidad muy profundo, declarando que, aunque no siempre podrá obtener lo que quiere, si se esfuerza, a veces encontrará que obtiene lo que *necesita.*

No siempre obtenemos lo que queremos, ¿verdad? ¡Pero con frecuencia en retrospectiva nos alegramos de que no obtuvimos lo que queríamos! Quizás deberíamos cantar, "¡No deberíamos siempre obtener lo que queremos!". Ha escuchado el dicho "Tenga cuidado con lo que desea; puede que lo consiga".

¿Alguna vez ha tomado una decisión del momento sobre lo que pensaba que quería solo para darse cuenta más adelante que fue lo incorrecto? Sé que *yo* lo he hecho. Cuando deseamos algo sin conocimiento, puede que estemos deseando algo que sería muy malo para nosotros. El "conocimiento" va más allá del conocimiento del objeto deseado también. Debemos tener conocimiento de la voluntad de Dios. A veces algo muy bueno no está dentro de la voluntad de Dios y tenerlo sería un estorbo en nuestras vidas.

Con frecuencia el deseo nos lleva a tomar decisiones apresuradas. A veces no queremos esperar porque sabemos que más información probablemente nos desviará de lo que queremos. En esas situaciones nos precipitamos hacia nuestro error, cegados por dos factores: deseo y prisa. Las estrategias de ventas a menudo son diseñadas alrededor de esta misma tendencia: "¡Llame hoy para recibir esta oferta!"

¿Usted está tomando decisiones sabias? ¿Están basadas en el conocimiento de Dios? ¿Espera para el tiempo de Dios?

ORACIÓN: Oh Señor, concédeme templanza en mis deseo y paciencia en mis búsquedas. Ayúdame a tomar decisiones en base a tu Palabra y voluntad y para permitirte tiempo a ti en resolver las cosas. Amén.

REFLEXIÓN: ¿En qué áreas de su vida es tentado a actuar precipitadamente debido a sus deseos?

¿Cómo puede practicar la paciencia y permitirle a Dios tiempo para llevar a cabo su voluntad, confiando en que él sabe lo que usted verdaderamente necesita?

¡BRILLA TU LUZ, OH SEÑOR!

LECTURA DIARIA: PROVERBIOS 20

ENFOQUE BÍBLICO: Lámpara del SEÑOR es el espíritu del hombre, la cual escudriña lo más recóndito del ser (Proverbios 20:27).

PENSAMIENTO DEVOCIONAL: Un día cuando Jesús estaba hablando con sus discípulos, dijo: "La lámpara de tu cuerpo es tu ojo. Cuando tu ojo está sano, también todo tu cuerpo está lleno de luz. Pero cuando es malo, también tu cuerpo está en tinieblas" (Lucas 11:34). A esto se refería el autor de Proverbios cuando escribió siglos antes: "Lámpara del SEÑOR es el espíritu del hombre, la cual escudriña lo más recóndito del ser" (Proverbios 20:27). Dios nos habla a través del espíritu dentro de nosotros—nuestras conciencias—. ¿Acaso está agradecido de tener su conciencia? Dios nos ha dado a cada uno esta luz interior para revelar lo que es bueno y malo. Él escudriña nuestros corazones y nos revela nuestras necesidades espirituales.

Pero podemos atenuar nuestras conciencias, hasta apagar la lámpara del Señor en nosotros: Si desobedecemos voluntariamente al Señor, Jesús nos advierte, nuestro "cuerpo estará en tinieblas" (Mateo 6:23).

Rechazar la verdad también trae tinieblas: "Por cuanto no recibieron el amor de la verdad para ser salvos [. . .] Por esto, Dios les enviará una fuerza de engaño para que crean la mentira, a fin de que sean condenados todos los que no creyeron a la verdad sino que se complacieron en la injusticia" (2 Tesalonicenses 2:10–12). ¡Amar a lo equivocado puede apagar la luz en nosotros!

Juan escribió que una falta de amor también causará oscuridad espiritual: "Pero el que odia a su hermano está en tinieblas y anda en tinieblas; y no sabe a dónde va porque las tinieblas le han cegado los ojos" (1 Juan 2:11).

La Palabra de Dios "lámpara es a mis pies y lumbrera a mi camino" (Salmo 119:105). ¡Gloria al Señor! ¡Él es fiel en alumbrar nuestras vidas con su verdad! ¿Está permitiendo que se vea?

ORACIÓN: Gracias, Señor, por alumbrar la luz de tu Palabra y tu Espíritu en mi espíritu. Escudriña lo más profundo en mí y dame fuerza para seguirte fuera de las tinieblas a tu luz maravillosa. Amén.

REFLEXIÓN: ¿En qué áreas de su vida está en riesgo de caminar en tinieblas por rechazar la verdad o albergar sentimientos negativos?

¿Cómo puede realinear su corazón a la verdad de Dios y permitir que su Palabra sea una luz consistente en su camino?

CLARO QUE TENGO LA RAZÓN
LECTURA DIARIA: PROVERBIOS 21

ENFOQUE BÍBLICO: Todo camino del hombre es recto ante sus ojos, pero el SEÑOR es el que examina los corazones. Practicar la justicia y el derecho es más aceptable al SEÑOR que el sacrificio [. . .]No hay sabiduría ni entendimiento, ni consejo contra el SEÑOR (Proverbios 21:2–3, 30).

PENSAMIENTO DEVOCIONAL: ¿Piensa que tiene la razón? ¡Claro que sí! Todos pensamos que tenemos la razón. Si no fuera así, ¡cambiaríamos de opinión! Aún en esas ocasiones cuando decimos: "Sé que esto no es correcto, pero lo voy a hacer de todos modos porque. . ." estamos diciendo: "Esto no sería correcto para ti, pero en *mis* circunstancias actuales es correcto". Nos justificamos. Por eso es tan importante saber qué dice la Palabra de Dios y subsecuentemente permitir al Señor examinar nuestros corazones.

A menudo cuando intentamos justificarnos sustituimos las observancias religiosas por la justicia. "Sacrificamos"—dando una ofrenda, yendo a la Iglesia, sirviendo en un comité—en vez de verdaderamente hacer lo que sabemos que es correcto. En esencia estamos intentando expiar nuestras fechorías con comportamientos religiosos. Al Señor no le interesan nuestros actos de justicia externos a menos que sean con la motivación de un verdadero deseo de ser justos.

A veces podemos engañar a otros—¡hasta a nosotros mismos!—por nuestro comportamiento religioso, pero no podemos engañar a Dios. No hay justificación que podamos hacer, ningún experto a quien citar, ninguna lógica a la cual podemos acudir que servirá contra la verdad. Nuestra sociedad intenta hacer esto mismo al buscar justificar más y más los comportamientos desviados. Nada de la jactancia, ira o protestas cambia el hecho de que la Palabra de Dios permanece para siempre.

Los que buscan paz y libertad no las encontrarán en las costumbres culturales cambiantes. Solamente la verdad nos hará libres.

ORACIÓN: Ayúdame, oh Señor, a ser honesto y auténtico en la evaluación de mi corazón y mi vida. Luego concédeme poder hacer lo que es correcto y justo. Amén.

REFLEXIÓN: ¿En qué áreas de su vida tiende a justificar sus acciones, aun sabiendo que puede que no se alinean con la voluntad de Dios?

¿Cómo puede dejar que Dios "examine su corazón" y le guíe a la justicia en vez de depender de la autojustificación?

PROVERBIOS: SABIDURÍA PARA EL CAMINO

Endeudado y esclavizado
Lectura diaria: Proverbios 22

ENFOQUE BÍBLICO: El que toma prestado es esclavo del que presta (Proverbios 22:7).

PENSAMIENTO DEVOCIONAL: Era el 2015. Grecia estaba siendo obligado por la Unión Europea a hacer cambios significativos a su presupuesto nacional. El pueblo de Grecia no quería que le dictara cómo gastar su dinero. Hicieron protestas y disturbios. El primer ministro, a quien habían elegido por sus promesas de enfrentarse a la UE, no quería aceptar las medidas de austeridad.

Yo miraba las noticias con confusión. Era realmente increíble que una nación soberana se encontrara en la posición de ser obligados —¡sin ningún disparo!— a hacer las cosas que no querían hacer. Pero, ¿qué opción tenían? Se les había acabado el dinero. Se encontraron esclavizados por su deuda con la UE. Con tristeza, me di cuenta de que los EE. UU. está yendo por ese camino rápidamente al crecer nuestra deuda nacional.

El endeudamiento funciona igual en nuestras finanzas personales cuando nuestro apetito por gastar y consumir es tan grande que nos lleva a pedir prestado, pedir prestado, pedir prestado. Entonces nos hacemos esclavizar por nuestros acreedores. Trabajamos noche y día solamente para pagar nuestro interés. Va creciendo la deuda mientras hacemos compras con planes de pagarlas más adelante.

Jesús dijo: "Porque donde esté tu tesoro, allí también estará tu corazón" (Mateo 6:21). Cuando nuestro tesoro está totalmente en las manos de prestamistas, nuestros corazones son capturados. Nos encontramos jurándoles lealtad a estos amos de deuda. Escuchen las palabras de los sabios —¡eviten la deuda cueste lo que cueste!—.

ORACIÓN: Señor, ayúdame a ser sabio en el uso de dinero y la adquisición de deuda. Dame gracia para salir de la deuda y quedarme sin ella. Ayúdame a dominar mi apetito y a suprimir mis gastos. Que mi tesoro y mi corazón se mantengan fijados en ti. Amén.

REFLEXIÓN: ¿Cómo influye la deuda a su libertad personal y tranquilidad? ¿Qué pasos puede tomar para reducir la deuda en su vida y evitar "esclavizarse" por los prestamistas?

¿Cómo puede mejor alinear sus decisiones financieras con las enseñanzas de Jesús que "donde esté tu tesoro, allí también estará tu corazón"? ¿Qué cambios puede hacer para asegurar que su tesoro y su corazón estén enfocados en Dios en vez de posesiones materiales?

RODEADO DE RUIDO
LECTURA DIARIA: PROVERBIOS 23

ENFOQUE BÍBLICO: Aplica tu corazón a la enseñanza y tus oídos a las palabras del conocimiento (Proverbios 23:12).

PENSAMIENTO DEVOCIONAL: En nuestra cultura se está volviendo más y más difícil encontrar el conocimiento. De hecho, cuanto más "inteligente" nos volvemos menos conocimiento parecemos tener. Los avances de la tecnología han puesto todas las respuestas a tan solo un clic. Los expertos nos pueden ahorrar mucho tiempo contándonos en sus libros de desarrollo personal exactamente cómo y qué debemos pensar. En realidad, estamos rodeados de mucho ruido. El ruido nos distrae de la verdadera fuente del conocimiento, precisamente lo que quiere nuestro enemigo. El verdadero conocimiento solo se encuentra en Cristo en aquel están "escondidos todos los tesoros de la sabiduría y del conocimiento" (Colosenses 2:3).

En un mundo lleno de respuestas fáciles somos llamados a tomar el camino de la fe. ¿Cómo discernimos el verdadero conocimiento? No podemos por nuestra propia cuenta, sino que debemos depender del Espíritu Santo, como Pablo le recuerda a la iglesia en Corinto. Esas cosas que ojo ni oído oyó: "Dios nos las reveló por el Espíritu: porque el Espíritu todo lo escudriña, aun las cosas profundas de Dios" (1 Corintios 2:10). Pablo nos dice que podemos depender del Espíritu que mora en nosotros para el discernimiento "Y nosotros no hemos recibido el espíritu de este mundo, sino el Espíritu que procede de Dios, para que conozcamos las cosas que Dios nos ha dado gratuitamente. De estas cosas estamos hablando, no con las palabras enseñadas por la sabiduría humana, sino con las enseñadas por el Espíritu, interpretando lo espiritual por medios espirituales" (1 Corintios 2:12–13). Gloria a Dios por su provisión. ¡Él no solo nos da verdadero conocimiento mediante Cristo sino también un intérprete!

Sin embargo, ¡tiene que ser de corazón, no solo con nuestras mentes! ¿Está aplicando su corazón a la instrucción del Señor?

—Jenny Young

ORACIÓN: Gracias, Señor, porque eres mi maestro de verdades nuevas y maravillosas y que también eres el intérprete de lo que aprendo de otras fuentes. Ayúdame a seguir tu verdad de todo corazón. Amén.

REFLEXIÓN: ¿Cómo se asegura que el conocimiento que busca viene de Cristo y no del "ruido" del mundo? ¿Qué pasos puede tomar para enfocarse más en la sabiduría de Dios en su vida diaria?

¿Está plenamente dedicando tanto su corazón como su mente en buscar la instrucción de Dios? ¿Cómo puede hacerlo?

RESCATAR AL INCRÉDULO
LECTURA DIARIA: PROVERBIOS 24

ENFOQUE BÍBLICO: Libra a los que son llevados a la muerte; no dejes de librar a los que van tambaleando a la matanza. Si dices: "En verdad no lo supimos", ¿no lo entenderá el que examina los corazones? El que vigila tu alma él lo sabrá y recompensará al hombre según sus obras (Proverbios 24:11–12).

PENSAMIENTO DEVOCIONAL: ¿Qué tan involucrados estamos en rescatar a los perdidos? Quizás la pregunta debería ser: ¿Cuánto amamos a los perdidos? Una adolescente escribió lo siguiente en la página de Facebook de su grupo de jóvenes:

Juan 3:16 es uno de esos versículos que la mayoría podríamos recitar todo el día porque se usa con tanta frecuencia. Yo realmente estaba pensando en ello el otro día. A veces cuando escuchas algo tantas veces se vuelve simplemente una declaración memorizada [. . .] En Juan 3:16 dice: "Porque de tal manera Dios AMÓ al mundo. . .". Cuando lo pienso en verdad, me asombra. Dios amó tanto al mundo. Un lugar lleno de odio, maldad y gente que lo traiciona. Eso no le cambió de opinión. De hecho, lo hizo no solo por las personas que lo aman sino también por las personas que lo traicionaron. Dios quiere que les mostremos su amor mediante nuestro amor para que ellos puedan pedir perdón y entregar sus vidas a Dios. Entonces ellos podrán demostrar compasión y amor a los que no conocen compasión y amor[...] justo como "De tal manera amó Dios al mundo". (Katie Mounts)

Yo no podría haberlo dicho mejor.

Dios amó al mundo demasiado como para sentarse al lado y mirar que las personas se sentenciaran a ellos mismos al infierno. Así que hizo algo al respecto. Él envió a un rescatador: Jesucristo. ¿Estamos dispuestos a ser enviados como Jesús lo estuvo? Consideremos de nuevo la letra de ese himno antiguo:

Ama a tus prójimos,
Piensa en sus almas,
Diles la historia de Cristo el Señor.
Cuida del huérfano,
Hazte su amigo.
Cristo le es Padre y fiel Salvador.
Salva al incrédulo,
Mira el peligro.
Dios le perdonará,
Dios le amará.

—Fanny Crosby

ORACIÓN: Señor, en el paso ocupado de mi vida frecuentemente pierdo la vista del hecho que la gente está perdida y muriendo —alejados de ti—. Incita mi mente a recordar su aprieto, Oh Dios, y ¡ayúdame a hacer de mi parte para rescatar al que perecerá! Amén.

REFLEXIÓN: ¿Con qué frecuencia piensa en el estado espiritual de los que lo rodean? ¿Qué puede hacer para demostrar el amor de Dios y su compasión hacia los que están lejos de él?

¿De qué forma puede involucrarse más en "salvar al incrédulo" en su comunidad o dentro de su círculo de influencia? ¿Qué pasos pequeños puede tomar para compartir el amor de Jesús con los que puedan estar tambaleando hacia la destrucción?

FUEGO DE REFINADOR
LECTURA DIARIA: PROVERBIOS 25

ENFOQUE BÍBLICO: Quita las escorias de la plata, y saldrá un objeto para el fundidor (Proverbios 25:4).

PENSAMIENTO DEVOCIONAL: Un fundidor antiguo sabía que la plata estaba pura cuando veía su imagen reflejada perfectamente al mirar al metal derretido. Solo entonces era que el metal derretido se podía enfriar en láminas o barras y el platero podía darle forma con el martillo —para que fuera la vasija que deseaba—. Sin el proceso de purificación, la plata se agrietaba y se quebraba. No resistía los golpes seguidos del martillo del platero.

Piense en la pureza de su corazón a la luz del propósito del platero (Dios) para usted. ¿Cómo puede saber su propósito para usted? ¿Cuál fue su propósito? Jesús mismo declaró:

"Imiten al Hijo del Hombre,
que no vino para ser servido,
sino para servir y para dar su vida en
rescate por muchos"
(Mateo 20:28).

"Porque el Hijo del Hombre vino
a buscar y a salvar lo que se había perdido"
(Lucas 19:10).

Pregúntese: "¿Mi propósito es salvar a los perdidos? ¿Mi corazón está purificado para ese propósito?"

¿Cuál es la escoria que quizá se debería quitar para purificar nuestros corazones para el propósito de Jesús? Tres cosas llegan a la mente:

- *El pecado.* Debemos terminar con el pecado—tanto los pecados reales como la naturaleza pecaminosa—. Nosotros no podemos ser vasijas eficaces para que Dios nos use en la historia de la salvación si nuestras vidas son controladas por el pecado.

- *Las cosas.* El escritor de Hebreos habla de dejar al lado "todo peso y el pecado que nos asedia" (Hebreos 12:1). Además de deshacernos del pecado, debemos tener cuidado de no agobiarnos con los pesos de esta vida: las posesiones, las relaciones, las actitudes, los temores, los valores del mundo, la adulación de las personas,

- *Uno mismo.* Su vida no es suya. Fue comprado por un precioso. ¿Glorificará a Dios con su cuerpo?

ORACIÓN: "Purifica mi corazón. Hazme como oro y plata preciosa. Purifica mi corazón [. . .] ¡Fuego de refinador! El único deseo de mi corazón es ser santo, santo, apartado para Ti, Señor [. . .] listo para hacer tu voluntad". Amén. (De Brian Doerksen)

REFLEXIÓN: ¿Está listo para ser moldeado por el martillo de platero para el propósito de Dios? ¿Qué impurezas (pecado, distracciones, egocentrismo) podrían estar impidiéndole servir completamente el propósito de Dios?

¿Cómo puede permitir que el proceso refinador de Dios le purifique el corazón y le prepare para hacer su obra?

Maldiciones sin causa
Lectura diaria: Proverbios 26

ENFOQUE BÍBLICO: Como escapa el ave y vuela la golondrina, así la maldición sin causa no se realizará (Proverbios 26:2).

PENSAMIENTO DEVOCIONAL: Las palabras del versículo 2 en la NVI terminan con "la maldición sin motivo jamás llega a su destino". Un gorrión o una golondrina se lanza de aquí para allá sin descansar. Así también lo hace una maldición sin causa. El *Comentario de Matthew Henry* presenta una observación interesante sobre este versículo:

> La locura de la pasión. Hace que los hombres dispersen maldiciones sin causa, deseándole el mal a otros bajo la presunción de que son malos y han hecho mal, cuando confunden a la persona o malinterpretan el hecho, o llaman al mal bien y al bien mal.

¿Con qué frecuencia esparcimos "maldiciones" o mala voluntad hacia un desconocido? Piense en el conductor que se mete en frente de usted en la carretera o la señora que agarra el último de algún producto que usted estaba considerando.

¡Con qué prisa juzgamos a estas personas y hasta les deseamos mala voluntad en nuestros momentos de indignación! Estas maldiciones sin causa no afectan a los individuos a quienes se dirigieron, sino que nos hacen daño a nosotros, los que las decimos o pensamos con enojo. "Todo hombre sea pronto para oír, lento para hablar y lento para la ira" (Santiago 1:19 NVI). ¿Se acuerda de la historia de David y Goliat? El gigante no quería escuchar a David. Fue pronto para enojarse y pronto para maldecirle al joven pastor. No seamos como Goliat. No terminemos con la cara en la tierra.

—Emily y Aaron Beasley

ORACIÓN: Señor, confieso que a veces se me acaba la paciencia y albergo resentimiento —y hasta mala voluntad— contra alguien que me ha ofendido. Perdóname, Señor. Luego ayúdame a controlar no solo mi lengua como mi actitud, para que no hable mal de mis hermanos o hermanas, quienes fueron hechos a tu imagen. Amén.

REFLEXIÓN: ¿De qué formas puede trabajar en controlar no solo sus palabras sino también su actitud interna hacia la gente que le frustra o le ofende?

¿Cómo puede cultivar más gracias y paciencia en esos momentos?

¡LE VENDRÍA BIEN UN POCO DE PERFUME!

LECTURA DIARIA: PROVERBIOS 27

ENFOQUE BÍBLICO: El aceite y el perfume alegran el corazón; y la dulzura de un amigo más que el consejo del alma (Proverbios 27:9).

PENSAMIENTO DEVOCIONAL: Bueno, chicas—el aceite y perfume ¡sí que alegran al corazón!—. ¡Estoy segura de que los esposos estarán de acuerdo! En las palabras sabias de la diseñadora de moda francesa Coco Chanel, "Una mujer que no usa perfume no tiene futuro". ¿Alguien diría amén?

Como adolescente yo copiaba la elección de perfume de mi hermana cada vez que ella compraba uno nuevo, ¡pensando que ella me estaba ahorrando mucho tiempo y esfuerzo en tener que ir yo misma a escoger uno! Llegó hasta el punto en que ella escondía lo que ella había comprado para que yo dejara de intentar oler como ella. Ah... ¡la máxima expresión de copiar a la hermana! Bueno, el punto de todo esto es que mi hermana aromática siempre me daba buenos consejos y yo estaba muy agradecida por ello. Y sí, aún le copio sus elecciones de perfume.

Aquí está su reto para hoy: ¿Es usted ese amigo que le lleva dulce fragancia a otros? ¿Conseja a sus amigos necesitados con oración o siente que usted mismo está constantemente en necesidad de todo ese aceite? Yo no me refiero a cuando usted esté pasando por tiempos difíciles sino simplemente en la vida diaria: ¿Está dando a otros con lo mejor de su habilidad, cubriéndolos con su amor y oraciones, bañándolos con su fragancia dulce?

Mi cargo a usted sería el mismo del autor de este capítulo de Proverbios —que sea un amigo fiel y constante. Nosotros somos, después de todo, "olor fragante de Cristo […] olor de vida para vida" (2 Corintios 2:15–16). Así que vuelva su mirada a la cruz —el modelo de amor, consistencia y fidelidad incondicional de Jesús—. ¡Entonces alábenle por la dulzura de un verdadero amigo!

— Amy Berry

ORACIÓN: Gracias, Señor Jesús, porque me llamas tu amigo. Gracias porque eres un amigo más cercano que un hermano o una hermana. Ayúdame a ser el tipo de amigo de otros como tú eres para mí. Amén.

REFLEXIÓN: ¿Cómo puede ser más deliberado en ser una "dulce fragancia" en las vidas de los que le rodean?

¿Usted está requiriendo ánimo y apoyo constante de otros o también está ofreciendo eso de vuelta? ¿Qué pasos puede tomar para equilibrar tanto el recibir como dar amistar y cuidado en sus relaciones?

EVIDENTE

LECTURA DIARIA: PROVERBIOS 28

ENFOQUE BÍBLICO: Los hombres malos no entienden el derecho, pero los que buscan al SEÑOR lo entienden todo (Proverbios 28:5).

PENSAMIENTO DEVOCIONAL: En *La declaración unánime de los trece Estados unidos de América* están las palabras célebres "Sostenemos como evidentes estas verdades". Estos revolucionarios del siglo XVIII escribieron de tales cosas como la igualdad y los derechos inalienables. Sin embargo, esas verdades no eran tan evidentes en el mundo de su día, y en el mundo de hoy aún se ven con escepticismo.

En los días del Israel antiguo también había verdades evidentes que entraron a los proverbios del Rey Salomón. Estos principios fueron recibidos tanto con escepticismo entonces como hoy. Proverbios 28:5 contiene cuatro verdades evidentes que caben en esa categoría:

Hay personas malvadas en el mundo. La Biblia explica que la maldad entró al mundo perfecto cuando Adán y Eva se rebelaron en contra de Dios (Génesis 3). Mientras las personas seguían rechazando a Dios, se volvieron más y más malvadas (Génesis 6). La psicología popular podrá declarar que ninguna persona es mala, que solamente lo son sus hechos, pero la Biblia deja claro que las personas son malvadas y les hacen maldades a otros.

Las personas malvadas no entienden la justicia. La maldad no es universalmente aceptada. Las mentes malvadas están nubladas y equivocadas. Lo malvado se llama bueno y lo bueno se llama malvado.

Existen "los que buscan al Señor": Esta frase se pone en yuxtaposición a la frase "hombres malvados". Es evidente que para escapar el dominio de la maldad, uno debe acudir al Señor. La experiencia nos enseña que esto es tanto un proceso como una crisis. Hay encomendación, luego crecimiento, en justicia.

Aquellos que buscan al Señor "lo entienden todo". El entendimiento, como el carácter, llega como un proceso. Lo que comienza como luz de mañana es destinada a convertirse en luz de mediodía. ¿Usted ve estas verdades evidentes?

ORACIÓN: Ayúdame, Oh Señor, a buscarte a ti y a entender la justicia. Que pueda yo ser tan amable y misericordioso y paciente como tú. Amén.

REFLEXIÓN: ¿Usted ve la verdad evidente que el mal existe y nubla el entendimiento de justicia de la gente?

¿Cómo puede proteger su corazón y mente de la confusión entre el bien y el mal del mundo de hoy?

Reflectores de carril

Lectura diaria: Proverbios 29

ENFOQUE BÍBLICO: Donde no hay visión el pueblo se desenfrena (Proverbios 29:18).

PENSAMIENTO DEVOCIONAL: Yo recuerdo cuando el departamento de carreteras primero empezó a instalar reflectores para indicar los carriles en las carreteras, hace como cuarenta y cinco años. Los reflectores blancos significaban el extremo derecho del carril donde se manejaba. Los reflectores amarillos indicaban donde estaban las líneas centrales. A mí no me gustaban. Era un conductor joven —muy joven, y me distraían las reflexiones—. Sin embargo, con el paso de los años, me he vuelto muy dependiente de ellos.

Una noche estaba viajando por la I-275 al lado norte de Cincinnati en una zona de construcción (¿cuándo *no* está en una zona de construcción en la I-275?), y esos "barriles" de construcción de color anaranjado y blanco pasaban volando por mi campo visual. Los nuevos carriles estaban marcados por pintura temporal clara. Sin embargo, las líneas previas aún seguían algo visibles. El tráfico era pesado y yo tenía muchas luces brillando en los ojos. Para colmo, estaba lloviendo y los camiones que pasaban rociaban todo. Mis limpiaparabrisas dejaban manchas de suciedad de la carretera y entrañas de insectos. ¡Gr...! ¿Dónde están los carriles? ¡Sí que extrañaba esos reflectores!

Las visiones proféticas son como esos reflectores de carril. Sin ellas, fácilmente perdemos la vista de en qué carril debemos estar. Una visión nos mantiene en la ruta correcta, moviéndonos en la dirección debida. La visión provista por la verdad de la Biblia claramente marca el camino al cielo. Sin esa visión, la gente desarrolla su propio "verdad" y fallarán en encontrar el camino correcto.

¿Qué de usted? ¿Usted vive por la visión moral de la Biblia? ¿Tiene una visión de su propósito de acuerdo con Dios? ¿Está comprometido con la visión de Jesús, quien dijo: "alcen sus ojos y miren los campos que ya están blancos para la siega" (Juan 4:35)? Sin una visión ciertamente *se deshará de todo control.*

ORACIÓN: Gracias, Señor, por los reflectores de carril —la visión de la verdad— que tu provees. Ayúdame a moverme con propósito resuelto en el camino que tú has puesto delante de mí. ¡Dame una visión de Jesús, te pido! Amén.

REFLEXIÓN: ¿Cómo le ayuda a mantenerse en el camino correcto en la vida el tener una visión clara de Dios?

¿Hay áreas en donde siente que le falta visión o dirección? Si es así, ¿cómo puede buscar claridad mediante la oración y las Escrituras?

¡DETÉNGASE ANTES DE QUE SANGRE SU PROPIA NARIZ!

LECTURA DIARIA: PROVERBIOS 30

ENFOQUE BÍBLICO: Si neciamente te has enaltecido y has pensado el mal, pon tu mano sobre tu boca: Ciertamente el que bate la leche sacará mantequilla; el que con fuerza se suena la nariz sacará sangre, y el que provoca la ira causará contienda. (Proverbios 30:32–33).

PENSAMIENTO DEVOCIONAL: Usted ha estado ahí. Todos hemos estado ahí. Hay un desacuerdo. Las emociones se involucran. Las voces se alzan. Crece la ira. Una relación se rompe. Luego llega el remordimiento. "¿Por qué insistí en el asunto?". Agur, el autor de Proverbios 30, nos ayuda a entender:

- *Si ha sido necio:* ¿Qué es ser necio? Es la falta de sabiduría. En retrospectiva, ¿cuántas veces sus opiniones firmemente sujetas y valoradas se han demostrado estar equivocadas? ¡Muchos desacuerdos ocurren cuando la gente insiste en un asunto que piensan que es correcto pero que está muy equivocado!

- *Enaltecerse:* La persona orgullosa se deleita en la destrucción de otros, en abatir a otros para elevarse a sí misma. La persona humilde, sin embargo, levantará a otros, promoviendo benevolencia en una relación. Es difícil para una persona orgullosa admitir que él está equivocado—y aún más difícil no insistir cuando tiene la razón—. Nadie quiere oír: "¡Te lo dije!".

- *Pensar el mal:* La persona agraviada, que guarda resentimiento por los errores del pasado y saborea dulces imaginaciones de venganza, desea el mal para su "enemigo". La venganza por las heridas del pasado abruma los sentidos de la persona y, cuando se presenta la oportunidad, presiona el asunto con un discurso cáustico y lleno de odio.

Cuando nos encontramos en conflicto, ¿qué debemos hacer? Mirar las causas nos ayuda a entender tres cosas. Primero hay que buscar sabiduría e información. Intente entender el asunto a mano, especialmente de la perspectiva del otro. Entonces hay que ser humilde. Esté dispuesto a considerar que quizás, posiblemente, usted está mal y la otra persona tiene la razón. ¡Pida perdón! Perdone del corazón —aún si no se pide—. ¡Y no "domine" el que ha perdonado! Por último, haga lo que sugirió Agur: ponga su mano sobre la boca. ¡Puede que prevenga un sangrado de nariz!

ORACIÓN: Señor Jesús, si alguien alguna vez tuvo el derecho de insistir en un asunto, tú indudablemente lo tuviste. En vez de eso, tú voluntariamente aceptaste el castigo por mi pecado y me perdonaste desde la cruz. Ayúdame a tener la misma mentalidad que tú. Amén.

REFLEXIÓN: Cuando se encuentra en conflicto, ¿con qué frecuencia insiste en su punto de vista sin realmente tomar en cuenta la perspectiva de la otra persona?

¿Qué puede hacer para detenerse y buscar sabiduría antes de intensificar el conflicto? ¿Qué pasos puede tomar para poner en acción el consejo de Agur ("pon tu mano en tu boca") para prevenir una lucha innecesaria?

ELLA ES PEQUEÑA PERO FUERTE
LECTURA DIARIA: PROVERBIOS 31

ENFOQUE BÍBLICO: Ciñe su cintura con firmeza y esfuerza sus brazos (Proverbios 31:17).

PENSAMIENTO DEVOCIONAL: En 1979 Lana y yo nos mudamos a nuestro primer apartamento. Nos mudamos desde dos ubicaciones: el hogar de ella en Barrackville, Virginia del Oeste, y el hogar mío en Montpelier, Ohio. El papá de Lana y yo cargamos las pertenencias de ella. Mi hermano y mi cuñada, Al y Karen, cargaron mis pertenencias y nos las trajeron. Cuando nos reunimos, les pregunté cómo habían cargado todo. Karen dijo que lo había hecho todo sola.

¿Qué? ¡Si yo apenas pude levantar esas cajas! ¿Cómo lo hiciste tú?—exclamé.—¡Simplemente las levanté!

Mi cuñada medía apenas 5 pies y pesaba como 110 libras—¡pero era fuerte!—. Otra mujer fuerte es mi hija Amy. Ella mide un poquito más que mi cuñada, quizás 5 pies con 2 pulgadas. Pero ella pesa menos. Amy siempre me ha sorprendido con su fortaleza física. Como una hija de pastor, ella se ha mudado muchas veces. Durante las últimas mudanzas, ella era la única hija aún en la casa. Cuando yo necesitaba alguien para mover el otro lado del sofá o la cómoda, fue a Amy que recurrí. ¡Ella tiene brazos fuertes!

La fuerza física es una cosa, pero la fuerza más importante es la espiritual. ¿Cómo se viste una persona con fortaleza espiritual? Justo como Karen y Amy trabajaron con los brazos, ¡nosotros necesitamos trabajar nuestros brazos espirituales! Hacemos eso sirviendo al Señor, escudriñando las Escrituras y dando pasos por fe. Si queremos ser fuertes en el Señor, otra cosa que no debemos descuidar se encuentra en Nehemías 8:10: "El gozo del SEÑOR es su fortaleza". La fortaleza viene con el gozo.

Al igual que mi cuñada y mi hija, no tenemos que ser "grandes" para ser fuertes. Nos podemos vestir con fuerza, la fortaleza del Señor.

ORACIÓN: Gracias, Señor, porque, aunque yo sea débil, soy fuerte porque tu fortaleza se perfecciona en mí. Ayúdame a trabajar en mis brazos espirituales débiles y así incrementar en fuerza. Amén.

REFLEXIÓN: Al pensar en Nehemías 8:10: "El gozo del SEÑOR es su fortaleza", ¿cómo puede cultivar más gozo en su diario caminar con Dios, sabiendo que contribuye a su fuerza espiritual?

¿Qué prácticas o actitudes le pueden ayudar a experimentar gozo aún en tiempos difíciles?

CONCLUSIÓN

En este viaje por Proverbios hemos aprendido que hay principios por los que vivir—normas para una vida marcada por justicia, integridad y fidelidad—. Sin embargo, los meros principios no nos salvarán. La forma más alta de sabiduría no es simplemente conocimiento o prudencia —es una vida totalmente rendida a la voluntad de Dios—. La propia historia de Salomón es testigo de esta verdad. El que había conocido ambos extremos de la virtud y el vicio habla de lo profundo de su experiencia, advirtiéndonos que no persigamos el viento. Su vida fue un lienzo sobre el cual se vivieron las lecciones de los Proverbios, pero también fue un lienzo manchado por la debilidad humana. Al acercarse el Rey Salomón al final de su vida, la suma de toda su sabiduría se sintetiza en una sola declaración profunda: "El fin de este asunto es que ya se ha escuchado todo. Teme a Dios y cumple sus mandamientos, porque esto es todo para el hombre" (Eclesiastés 12:13 NVI). Estas palabras hacen eco de un hombre que había caminado las cimas del éxito increíble y caminó arduamente los valles de pecado grave, todo para llegar a la conclusión correcta—el centro de la vida se trata de reverenciar a Dios y obedecer su dirección—.

Así como con nuestras vidas, la vida de Salomón tomó muchas vueltas. Él experimentó las profundidades de la debilidad y fracaso humano a pesar de la grandeza de su reino y su propia sabiduría incomparable. Sus últimas palabras en Eclesiastés ofrecen las reflexiones de un hombre quien, después de navegar por los altibajos, volvió al fundamento que siempre había estado allí: Dios.

El análisis final de Salomón revela que, aunque la sabiduría, las riquezas, el poder y hasta el placer tienen su lugar, no son lo máximo. La belleza y practicidad de vivir una vida sabia y disciplinada son indiscutibles, pero hasta la misma sabiduría es pasajera a menos que esté fundamentado en el temor de Dios. Temer a Dios, como concluyó Salomón, significa ponerlo a él en su posición correcta sobre todo lo demás y reconocer su soberanía y bondad en nuestras vidas.

De este modo, al concluir este viaje a través de Proverbios, debemos recordar que la verdadera sabiduría nos lleva de nuevo hacia Dios. Las instrucciones y los conocimientos de este libro nos dirigen hacia la vida práctica y justa, pero el centro del asunto es siempre una postura de rendición delante de nuestro creador: "Teme a Dios y guarda sus mandamientos" (Eclesiastés 12:13). Al hacer eso, estamos cumpliendo el propósito por el cual fuimos creados. ¿Qué mayor sabiduría encontraríamos en el camino?

SOBRE EL AUTOR

SCOTT WADE es el fundador de Momentum Ministries, una organización sin fines de lucro dedicada a ayudar a individuos y a iglesias a crecer en su fe. Con una pasión por escribir, predicar y animar a otros, Scott es autor de varios libros, incluyendo la serie popular *La Subida: Comience aquí, Mantenga el enfoque, Estírese* y *Manténgase en alto*. Estos libros, junto con sus devocionales navideños, *La Navidad con Lucas* y *La Navidad con Mateo*, han inspirado a muchos lectores a profundizar su relación con Dios y aplicar principios bíblicos a sus vidas diarias.

El ministerio de Scott no solo incluye escribir sino también ser el anfitrión del podcast Casual Conversations (*Conversaciones casuales*) por Momentum Ministries, predicar en avivamientos y ayudar a autores aspirantes cristianos a publicar sus propios libros. Él tiene una riqueza de experiencia de décadas de liderazgo pastoral y ahora se enfoca en animar y empoderar a otros para crecer en sus viajes espirituales.

Puede saber más de Scott y su ministerio, junto con sus libros, en momentumministries.org.